Sete
conselhos do
coração de
Jesus

Pe. Delton Alves de Oliveira Filho

Sete
conselhos do coração de Jesus

Canção Nova
EDITORA

Direção geral: **Fábio Gonçalves Vieira**
Capa: **Rafael Felix**
Preparação, Diagramação e revisão: **Gracielle Reis**

Este livro segue as regras da Nova Ortografia Portuguesa.

EDITORA CANÇÃO NOVA
Rua João Paulo II, s/n – Alto da Bela Vista
12 630-000 Cachoeira Paulista – SP
Tel.: [55] (12) 3186-2600
E-mail: editora@cancaonova.com
loja.cancaonova.com
Twitter: @editoracn

Todos os direitos reservados.

ISBN: 978-85-7677-922-3

© EDITORA CANÇÃO NOVA, Cachoeira Paulista, SP, Brasil, 2017

DIOCESE DE URUAÇU

Rua Leopoldo de Bulhões, Qd.19, Lt. 05/07, n. 25 — Centro
Caixa Postal 32 — Uruaçu — GO Cep: 76400.000
Fone/Fax (62) 3357-1230
E-mail: dioceseuruacu@hotmail.com
Site: www.diocesedeuruacu.com.br

DOM MESSIAS DOS REIS SILVEIRA

Por mercê de Deus e da Sé Apostólica
Bispo de Uruaçu-GO

APROVAÇÃO DA PUBLICAÇÃO DO LIVRO
SETE CONSELHOS DO CORAÇÃO DE JESUS

Considerando o pedido da parte do Reverendíssimo Senhor Pe. Delton Alves de Oliveira, sacerdote incardinado nesta diocese, em plena comunhão com a Sé Apostólica, para obter a aprovação para que possa licitamente publicar o livro **Sete conselhos do Coração de Jesus**, para ser lido pelos fiéis e, todos os que desejarem, aprofundar nesta espiritualidade do Coração de Jesus; conforme aos originais protocolados juntos a esta Cúria da Diocese de Uruaçu.

Considerando canonicamente consistentes os motivos apresentados no Pedido;
Visto o teor do c. 827, §§ 2 e 3; e também o teor do c. 830; e ainda o teor do c. 829;
Havendo recebido por escrito, *ad normam* do c. 830, § 2, parecer favorável da parte do censor *ad hoc* Pe. Rogério Alves Gomes, quanto à ortodoxia da doutrina contida no escrito **Sete conselhos do Coração de Jesus**.

CONCEDO

Ao Reverendíssimo Senhor Pe. Delton Alves de Oliveira a aprovação da publicação do escrito **Sete conselhos do Coração de Jesus**, exclusivamente na versão contida nos originais entregues e protocolados na Cúria da Diocese de Uruaçu.

Ficam excluídas, *ad normam c. 829*, deste *Imprimatur* eventuais revisões ou modificações do texto original do escrito **Sete conselhos do Coração de Jesus**; para uma nova edição é necessária nova apreciação e aprovação.

Notifique-se a quem de direito, publique-se e arquive-se.

Dado e passado em nossa Cúria Diocesana de Uruaçu, aos 11 de setembro do ano do Senhor de 2017.

Pe. Rogério Alves Gomes
Chanceler

Dom Messias dos Reis Silveira
Bispo Diocesano

Sumário

Apresentação	9
Introdução	12
Capítulo I – Primeiro Conselho: Humildade	26
Capítulo II – Segundo Conselho: Escuta	34
Capítulo III – Terceiro Conselho: Obediência	40
Capítulo IV – Quarto Conselho: Gratidão	46
Capítulo V – Quinto Conselho: Adoração	50
Capítulo VI – Sexto Conselho: Pentecostes	54
Capítulo VII – Sétimo Conselho: Comunhão	60

Apresentação

É com grande satisfação que apresento a você esta obra literária de grande valor para sua vida. Os sete conselhos espirituais do Coração de Jesus (humildade, escuta, obediência, gratidão, adoração, Pentecostes e comunhão), indicados neste livro, são divinos conselhos que lhe garantem simplesmente ser humano. Tantos têm caído na tentação de sempre, mencionada no livro de Gênesis: "sereis como deuses" (Gn 3,5). Com isto, após o mundo ter sido precipitado no nada, estão tentando criá-lo novamente. Surgem novos modelos para a humanidade, pessoas fabricadas e famílias com várias combinações anunciadas como a melhor forma de ser humano. Esta nova criação é subjugada ao "super-homem", sempre mais distante da nunca extinta verdade humana resistente às intempéries do pensamento. Disse Jesus: "Conhecereis a verdade e a verdade vos libertará" (Jo 8,32). Este livro pode ajudar você a viver a própria verdade e a experimentar a força e a alegria libertadoras que dela provém.

A segunda contribuição que esta obra traz ao leitor é a de permitir que ele construa sua vida sobre a rocha. O momento presente de nossa história está marcado por demasiada incerteza, confusão, medo e por muitas vozes de diferentes tons. Muitas pessoas ficam desorientadas, não tomam as grandes decisões existenciais e se tornam fáceis vítimas dos ladrões da vida. As próximas páginas apresentam um caminho seguro para desfazer esta situação em sua história pessoal ou dela proteger-se, pois aqui pode-se encontrar a certeza que garante a construção da existência humana sobre a rocha. E não somente isso: permite você ter vida e vida em abundância, isto é, felicidade sem fim. Digo isto porque este livro lhe fala de Jesus Cristo, o homem-Deus, revelador do mistério humano, aquele que melhor do que ninguém entende nós mesmos e sabe qual é a melhor estrada da realização pessoal. Ele mesmo disse: "Eu sou o caminho, a verdade e a vida" (Jo 14,6); "Eu vim para que todos tenham vida e a tenham em abundância" (Jo 10,10).

Outro valor a ser destacado na presente obra é a possibilidade da pessoa se exercitar em sua dimensão espiritual, protegendo-a do atrofiamento humano. Os textos bíblicos escolhidos e as reflexões ajudarão a expandir o horizonte da pessoa humana curando-a, por vezes, da miopia imanentista e materialista que não lhe favorece ser o que é: espírito encarnado e, portanto, transcendente, imortal e chamado à eternidade em corpo-espírito.

Por fim, o autor, padre Delton Filho, ao apresentar sete conselhos do Coração de Jesus, o faz ancorado em sua vida provada e sempre mais amadurecida em base a estas preciosas indicações divinas. Sou testemunha de como os sentimentos deste irmão no sacerdócio ministerial se elevaram porque se aproximaram dos sentimentos de Cristo.

Boa leitura! Boa descoberta!

Pe. Francisco Agamenilton Damascena
Doutor em Filosofia
Vigário da Paróquia Nossa Senhora das Graças,
em Rialma, Diocese de Uruaçu (GO)

INTRODUÇÃO

Artur tem 64 anos, é um empresário de sucesso e nunca teve necessidade que seu dinheiro não pudesse comprar. Há meses está hospitalizado na Suíça desde seu diagnóstico de câncer. Em todas as noites, apesar das altas doses de morfina, as enfermeiras ouvem seus gritos de tristeza e angústia que precedem o mesmo lamento, repetido entre os lampejos de desespero: "Eu não quero morrer! Eu não quero morrer!". A solidão da hora derradeira o aterroriza ao extremo.

Davidson é um jovem de 18 anos, aluno de uma escola técnica. Descobriu a fé neste ano, após um retiro espiritual. Há 3 dias, mandou uma mensagem de áudio para o celular do seu melhor amigo: "Jorge?! Escuta só! Já tenho a minha passagem! Que alegria! Já tenho meu passaporte! Já posso partir!". Não. Davidson, não estava de partida para o estrangeiro. Trata-se do diagnóstico de um tumor no cérebro que lhe dava não mais que um mês de vida. Às portas da morte, Davidson enxerga a chance de fazer a viagem mais importante da sua vida: o abraço da eternidade. Ele sabe que Alguém o espera do outro lado da vida!

O que diferencia Artur de Davidson? Ambos estão diante do inexorável fim: a morte. A questão não é o status social ou os recursos financeiros. Em bem pouco tempo, os dois atravessarão o umbral da imortalidade. Um deles está dilacerado pelo lancinante destino. O outro vibra e não vê a hora de mergulhar no infinito da vida além do óbito. Sem dúvida, o fator determinante para ambos é a fé! Circunstâncias semelhantes do lado de cá da existência, mas disposições bem diferentes para a travessia.

Estas duas parábolas da vida moderna revelam o fascínio que nos provoca ao sabermos que nossa existência não se resume nesta dimensão apenas. Quanta gente, ao disfarçar o medo do desconhecido, tenta desvendar os mistérios de outras dimensões, outros mundos, outras explicações do cosmos. Milhares de respostas se multiplicam diariamente nos sites de busca da internet. Muitos relatos revelam as mais variadas tentativas de manipular o sobrenatural para conseguir dissipar a decepção provocada por nossa condição limitada, frágil, mortal. Magias, feitiços, filosofias abstratas, misticismo e esoterismo...

Quanto mais nos deparamos com nossa fragilidade, maior nossa atração por qualquer coisa que prolongue nosso desejo de eternidade neste mundo. Por que temos o desejo de viver e nunca sofrer? Por que sonhamos? Por que gostaríamos de dominar a morte e o medo, afastar o sofrimento e nos tornarmos imunes a todo tipo de mal? Por que somos feitos desse jeito? Quem poderia nos revelar os segredos mais profundos do cosmos? Quem poderia descortinar-nos os mistérios da Verdade Infinita? Quais conselhos fundamentais poderíamos eleger como setas de orientação para nossa vida?

Sete conselhos do coração de Jesus

Quanto mais a sociedade se adianta em modernidade e tecnologia, mais e mais encontramos o ser humano sedento do transcendental. Mesmo o mais aguerrido ateu sente o desejo de encontrar uma justificativa abstratamente perfeita para justificar sua ideia. Há dentro de nós uma sede de mística. Que intelectual não vibraria por encontrar uma maneira de justificar o injustificável? Até o menos letrado, ignorante da fé, mais cedo ou mais tarde terá de se deparar diante da chocante verdade de que a vida é imprevisível. O agnóstico ou o crítico racionalista, em algum momento, terá de confrontar-se com o paredão da morte trazido pela doença incurável ou por um luto repentino. Inevitavelmente, surgirá então o questionamento a respeito da nossa efêmera existência. E exatamente por causa disso, sente necessidade de decifrar o indecifrável, de apalpar o imaterial.

O homem do século XXI não consegue jogar no calabouço do esquecimento o fascínio por conhecer o sobrenatural. As maravilhas trazidas pela comunicação virtual, na rapidez da informação que atravessa enormes distâncias em microssegundos, revelam nosso encantamento porque se parecem com uma espécie de magia pós-moderna ou um tipo de feitiço tecnológico. Vemos os cabos e as telas, mas não vemos o processo microscópico dos dados que se materializam em áudio, vídeo e emoção.

E tudo isso revela um fato: somos seres espirituais!

Temos sede do espiritual. Alguém – e sabemos que é DEUS – plantou em nós uma necessidade que não se preenche no lado de cá da existência. Por mais que busquemos nos distrair com as coisas deste mundo, somos eternamente seduzidos por uma saudade de um lugar de onde nunca deveríamos ter saído. Somos de Deus! Pertencemos a Ele! Ele nos atrai! A fé não é uma resposta idiota para aquilo que não conseguimos explicar cientificamente. A fé é um dom e uma graça, é um elemento inseparável da essência humana. Mesmo o homem que afirma não crer, acredita em algo: ele crê que não crê!

O fato é que existe uma realidade sobrenatural muito mais fascinante do que o mundo que conhecemos. As realidades espirituais são infinitamente mais sedutoras do que as luzes e os milagres tecnológicos dos dias atuais! Para enxergar essas realidades é preciso um coração de criança e uma fé gigante! Não se trata de um "espiritualismo". Chamo isso de "espiritualidade mística". O elã da fé, alicerçado na doutrina da Igreja, fundada por Jesus Cristo há dois milênios, nos arremessa para o entendimento das coisas que transcendem este mundo. Não se trata de um pragmatismo da fé, nem mesmo de uma abstração da racionalidade. Refiro-me aqui à capacidade pessoal de melhorar nossa espiritualidade e aprimorar as vértebras da fé mediante um aprofundamento das virtudes!

UMA PROPOSTA DE DIREÇÃO ESPIRITUAL

Peço licença para pegar tua mão e te guiar por um caminho de crescimento espiritual. Só Jesus Cristo pode nos revelar a verdade de nós mesmos. Só Ele é poderoso o suficiente para trazer à tona as mais profundas realidades de forma simples e inteligível. Você gostaria de conhecer estas realidades? É preciso uma disposição interior muito específica para enxergar a Verdade Eterna. Talvez seja agora a grande oportunidade da tua vida! Deixe-se conduzir! Seja dócil. Aproveite a oportunidade que você tem agora!

Permita-me apresentar a você alguns dos mais poderosos conselhos do Mestre Jesus! Ele é verdadeiramente Deus. Portanto, é conhecedor de mistérios que ultrapassam nossa ciência terrena. Por outro lado, Ele também é verdadeiramente Homem. Logo, nada do que existe em nossa realidade escapa ao seu entendimento e experiência. Ele é igual a nós em tudo, menos no pecado. Sendo assim, ninguém como Jesus pode nos ajudar a viver do jeito certo. Ele mesmo prometeu: "Eu vim para que todos tenham vida, e a tenham em abundância!" (Jo 10,10). Quem dera pudéssemos mergulhar nos segredos da vida que estão guardados no Coração deste Homem/Deus! Quantos conselhos poderíamos receber do único homem que morreu e ressuscitou para sempre? Há cerca de dois mil anos, uma extraordinária fonte começou a minar água e, então, surgiu um "rio" maravilhoso que tem atravessado os séculos, levando consigo a soberana verdade. Quem se deixou molhar por este rio nunca mais foi o mesmo! Esse curso de água tem saciado a sede de milhares de pessoas que descobriram o encanto de um poder milagroso de cura e de amadurecimento: é o Coração de Jesus! Contemplemo-lo!

Podemos nos transportar para o momento dramático quando O feriram: "Um dos soldados abriu-lhe o lado com uma lança e, imediatamente, saiu sangue e água. (...) Olharão para aquele que transpassaram!" (cf. Jo 19, 34.37). É impossível não parar para "olhar aquele que nós transpassamos". Depois que rasgaram o Coração de Jesus, jorrou "sangue e água". Eis a fonte, eis o rio! Em nós se cumpre esta profecia[1] e somos, então introduzidos num mistério eterno: o grande derramamento da Misericórdia, uma chave de leitura para a nossa própria necessidade de céu; uma preparação para o fim dos tempos e o descortinar da eternidade!

O apóstolo João, que presenciou o momento do traspassamento do Coração de Jesus, revisitou suas memórias e, divinamente auxiliado, entendeu:

---

[1] cf. Zc 12,10: "Suscitarei sobre a casa de Davi e sobre os habitantes de Jerusalém um espírito de boa vontade e de prece e eles voltarão os seus olhos para mim. Farão lamentações sobre aquele que traspassaram, como se fosse um filho único; chorá-lo-ão amargamente como se chora um primogênito!".

Sete conselhos do coração de Jesus

"Mostrou-me então o anjo um rio de água viva resplandecente como cristal de rocha, saindo do trono de Deus e do Cordeiro!" (Ap 22,1). Trata-se de uma explicação do mesmo acontecimento: o coração ferido de onde flui o rio de Água Viva. Estas águas servem de estímulo para muitas reflexões interiores[2].

Precisamos admitir: estamos acostumados a nos distrair das coisas sobrenaturais. Na maior parte do tempo, estamos absorvidos pelo fluxo frenético de informações (superficiais) de última hora. Estamos contaminados por uma realidade epidérmica. Não somos habituados a "mergulhar fundo". Há quem sinta faltar-lhe o fôlego em apenas cogitar a ideia de desconectar-se deste mundo. Já ouviu falar de pessoas que sentem fobia quando estão off-line? Pois é! Precisamos nos "descontaminar". Ninguém conseguiria amadurecer espiritualmente para enxergar os mistérios do Coração de Jesus sem antes evangelizar as próprias emoções, buscar uma purificação dos sentidos, uma cura interior.

Lembra que pedi licença para te guiar, tomando a tua

---

[2] Sobre isso, Bento XVI acenou algo importante em sua mensagem para a Quaresma de 2011: "O pedido de Jesus à Samaritana: 'Dá-Me de beber' (Jo 4, 7), que é proposto na Liturgia do terceiro domingo [da Quaresma], exprime a paixão de Deus por todos os homens e quer suscitar no nosso coração o desejo do dom da 'água a jorrar para a vida eterna' (v. 14): é o dom do Espírito Santo, que faz dos cristãos 'verdadeiros adoradores' capazes de rezar ao Pai 'em espírito e verdade' (v. 23). Só esta água pode extinguir a nossa sede do bem, da verdade e da beleza! Só esta água, que nos foi doada pelo Filho, irriga os desertos da alma inquieta e insatisfeita, 'enquanto não repousar em Deus', segundo as célebres palavras de Santo Agostinho.

mão? Pois bem, se você se deixar guiar, venha comigo buscar purificação, cura, libertação... E enquanto estivermos fazendo isso, nossa fé nos descortinará à realidade espiritual que queremos vislumbrar.

A PROPOSTA BÍBLICA: OS MERGULHOS DE NAAMÃ

O episódio narrado no segundo Livro dos Reis - **2Reis 5, 1-19** - será o texto de referência para o nosso aprofundamento. *Peço que você leia com muita atenção todo o texto.*

Trata-se da narrativa da cura de Naamã, um general bem sucedido e estimado, acostumado a aplausos e status. Um dia, porém, percebeu uma mancha branca na pele. Era o início da lepra, doença terrível que matava a muitos na época. Naamã era valente, contudo leproso. A lepra, assim, era o começo de uma série de eventos que a Divina Providência orquestrou para que Naamã finalmente encontrasse e conhecesse a Deus! O soberbo general teve de se submeter ao parecer de gente com quem ele pouco se relacionava. Deus falou com ele através de escravos e vassalos. Viajou até encontrar orientação que solucionasse seu problema. Precisou lavar-se sete vezes no Rio Jordão. Depois de obedecer às orientações, ficou curado e com a pele parecida a de uma criancinha.

Mas, agora, estamos diante de um rio muito mais poderoso do que o Jordão! O rio de sangue e água que brotam do próprio Coração Fiel de Nosso Senhor! Você teria coragem de entrar nesse rio? Esta é a oportunidade para nos lavarmos e mergulharmos. Sete mergulhos, como fez Naamã! Cada mergulho representa um passo confiante rumo à cura da nossa alma para o crescimento humano e espiritual. Curados, libertos, enxergaremos melhor o mundo sobrenatural que nos circunda. Estaremos em contato mais profundo com essa dimensão imaterial que nos proporciona o maior deleite a nossa existência: estar nos braços do Divino Pai!

Em cada mergulho, vamos nos submergir em um conselho sagrado que brota da chaga do Coração de Jesus. Ele e só Ele tem os conselhos mais acertados para você! Não basta só "ouvir" o conselho de Cristo. Já que brota do mais íntimo de Seu Coração Ferido e jorra qual rio caudaloso daquela chaga, será preciso mergulhar! Mergulhe nos conselhos espirituais do Coração de Jesus! Mergulhe sete vezes! Mas por que sete?

O NÚMERO SETE NA BÍBLIA

A nossa fé possui vários aspectos explicados por meio de sete realidades: sete sacramentos; sete dons do Espírito Santo, sete pecados capitais; sete pedidos do Pai Nosso; sete dores de Maria; sete alegrias de Maria; sete dias da semana; sete virtudes fundamentais (três teologais e quatro cardeais) etc.

Os sete conselhos espirituais do Coração de Jesus significam mais do que você pode imaginar. A Bíblia nos apresenta vários testemunhos fascinantes. O número sete nas Sagradas Escrituras mostra uma realidade para além do aspecto matemático formal. Ele significa totalidade, plenitude, completude. Algumas vezes esse número é multiplicado por si mesmo (7 x 7 ou 7 x 70)[3]; o que não significa excesso, mas remoção do limite implicado na totalidade. Assim, Caim é vingado 7 vezes, Lamec 7 x 70 (Gn 4,24). Há 7 anos de fartura e 7 anos de carestia no Egito (Gn 41,2ss). O cabelo de Sansão é amarrado em 7 tranças (Jz 16,13). Na queda de Judá, 7 mulheres tentarão casar-se com um homem (Is 4,1). Balac levanta 7 altares para 7 vítimas (Nm 23,1). Rute é melhor do que 7 filhos (Rt 4,15). O menino ressuscitado por Eliseu espirra 7 vezes e revive (2Rs 4,35). Os israelitas marcham 7 dias em volta de Jericó (Js 6,1ss). Há 7 povos pré-israelitas de Canaã (Dt 7,1). Os 6 dias da criação, seguidos por um 7º dia de descanso, são a obra completa e perfeita (Gn 2,1-3). Há 70 povos no mundo (Gn 10) e 70 pessoas na família de Jacó (Gn 46,27; Ex 1,5). Há 7 dias dos ázimos (Ex 12,15.19). O número ocorre ainda frequentemente nos ritos de purificação ritual (Lv 12-15).

A mesma ideia de plenitude nota-se no uso neo-testamentário do número sete. Os saduceus propõem um caso

---

[3] SILVEIRA, Dom Messias dos Reis. Carta Pastoral (2014), Diocese de Uruaçu (GO).

de 7 irmãos que se casaram com a mesma mulher (Mt 22,25; Mc 12,20; Lc 20,29). Os 7 pães que são multiplicados deixaram 7 cestos de fragmentos (Mt 15,34-37; Mc 8,5.8). O espírito mau que retorna depois do exorcismo traz outros 7 espíritos piores do que ele mesmo (Mt 12,45; Lc 11,26). Sete demônios são expulsos de Maria de Magdala (Lc 8,2). O simbolismo do 7 é extremamente evidente no Livro do Apocalipse: há 7 igrejas (1,4), 7 candelabros (1,13), 7 estrelas (1,16), 7 espíritos (1,4;4,5). 7 selos (5,1), 7 trombetas (8,2), 7 cabeças de serpente (12,3), 7 pragas (15,1). E no Livro de Atos dos Apóstolos, sete homens foram indicados para assistir os Doze Apóstolos em Jerusalém (At 6,2ss). Um refinamento do simbolismo do número nota-se ainda no Evangelho segundo São Mateus em contraste com o de São Lucas (em Mt 18,21-22 e Lc 17,4, respectivamente). Em Lucas, sete vezes o número da totalidade e perfeição é estabelecido como o número de vezes em que o perdão deve ser concedido. Porém, Mateus multiplica 7 x 70 e exprime o que não é tão claro na fórmula de Lucas, isto é, que a perfeição do perdão, significado pelo 7, consiste na superação de qualquer limite do número de vezes em que se deve perdoar.

Quanto ensinamento já podemos lucrar ao visitar estas páginas bíblicas!

O que deve nos nortear não são os limites de nossas imperfeições. O ser humano foi criado no sexto dia e no sétimo Deus descansou. O homem não é Deus, mas está muito próximo Dele e sua existência até permite Deus descansar. É preciso deixar Deus descansar ao nosso lado. Muitas vezes ficamos querendo que Deus faça tudo por nós, mas é preciso agir com a confiança de que Ele está aí, ao nosso lado.

Como na história do povo de Deus houve sete anos de fartura e sete anos de carestia, é preciso viver de tal modo pelo qual saibamos aceitar os momentos de carestia em nossas vidas. Em algumas vezes, nos faltam emprego, moradia, alimento, apoio, paz, saúde, fé, justiça, amizade e dignidade. Vivemos na amargura, na dor, na tristeza, na fraqueza e na crise. São os anos de sequidão e de angústia que atravessamos. Este pode ser um tempo propício para fazermos a experiência da perda, do abandono e aguardarmos o germinar de uma nova vida em Cristo.

O espírito mau que retorna depois do exorcismo traz outros sete espíritos piores do que ele mesmo (Mt 12,45; Lc 11,26). A santificação não é uma espécie de vacina que a pessoa toma e depois pode abandonar o caminho da graça, sentindo-se segura para o resto de sua vida. Crescimento contínuo é o que deve ser almejado por todos. Quantas vezes o cristão se descuida e, quando menos se espera, aquele que era tão bom, que participava da Igreja, que tinha vida sacramental, abandona tudo e passa a viver uma vida distante de Deus?! É preciso ter muito zelo com o crescimento espiritual. Esse zelo não pode ser apenas individual, mas eclesial. Quando alguém cai, nós caímos um pouco com essa pessoa; quando ela se levanta, a Igreja com ela também se levanta.

Naamá devia lavar-se 7 vezes no Jordão (2Rs 5,10). Os rituais de purificação ajudavam as pessoas e reintegravam as pessoas à sociedade. Feliz também de quem busca se purificar das coisas do mundo, do espírito de maldade, das lepras que discriminam e se reintegra.

SETE CONSELHOS ESPIRITUAIS DO CORAÇÃO DE JESUS

Com paciência sete vezes amadurecida, vamos mergulhar em aspectos da fé. Vamos dedicar tempo para receber uma direção espiritual do Coração de Jesus. Com certeza, Ele tem dezenas de conselhos práticos e pessoais para você. Mas aqui, neste livro, você terá chance de começar com os primeiros sete conselhos pessoais para a tua vida!

COMO LER AS PRÓXIMAS PÁGINAS

Sinta-se como que conduzido. A cada tema proposto, aproveite para rezar as palavras. Não se trata apenas de uma argumentação intelectual. Poderiam ser consideradas como colóquios espirituais com alguém que quer dirigir a tua alma. A direção espiritual exige deixar-se guiar e confiar! Cada tema caracteriza-se como um conselho pessoal de Jesus para você! Deixe que haja um diálogo de Coração (Jesus) para coração (você). Que tal meditar cada conselho por meio de um pequeno retiro pessoal?

Leia o livro como quiser, mas que tal reservar um tempo generoso para saborear cada conselho como se fosse uma sugestão de meditação particular durante um tempo de recolhimento? Separe sete dias e, em cada um deles, faça um pequeno retiro a partir dos Conselhos do Coração de Jesus. Cada conselho é a água que pode lavar e saciar, arrastar entulho para longe e preencher todo vazio interior. Mergulhe sem medo no rio de salvação que é composto pelo "sangue e água" que brotam do Coração Misericordioso de Jesus Cristo!

Capítulo I
Primeiro Conselho: Humildade

Do Coração de Jesus escutamos seu primeiro conselho: **HUMILDADE**.

"Aprendei de mim que sou manso e humilde de Coração!"
(Mt 11,29)

Jesus sabe o que está dizendo. Quando Ele dá este conselho a você, certamente não está jogando "palavras ao vento". Humildade! Quantos personagens da Bíblia puderam encontrar o verdadeiro sentido da vida apenas após abraçar este conselho! O exemplo de Naamã serve para começar a reflexão.

A viagem mais desafiadora é aquela que nos leva ao conhecimento de nós mesmos. Naamã saiu da Síria para encontrar o profeta Elizeu. Fez uma viagem longa, difícil e penosa: estava doente. A lepra na pele era o sinal da lepra da alma: o orgulho. Para ir ao encontro da cura, ele precisou "descer de seu pedestal". Reconhecer nossa identidade nos livra de criarmos uma máscara bonita que nos faz "independentes" do Senhor. A viagem mais necessária que precisamos fazer é aquela que nos leva ao autoconhecimento. Conhecer-se, aceitar-se e superar-se! Eis um tripé de maturação que reforça a base da nossa espiritualidade. Esse itinerário passa por um abismo que separa dois mundos: o céu e o inferno. Quem alcança este objetivo foi alcançado pela Verdade que passou da cabeça ao coração, atingindo o núcleo da nossa realidade humana.

O humilde é aquele que sabe quem é. Quem sabe quem é não consegue ser orgulhoso. O orgulho ou soberba é a matriz de todos os outros defeitos. O orgulhoso é uma pessoa cega em relação à sua própria verdade, à sua própria identidade. Porque todo aquele que consegue estar diante de si próprio, nu e cru, tal qual nos vê o Eterno, não consegue sentir-se "superior", rejeita a presunção de ser o que não é! O conhecimento de si só pode brotar num coração humilde. Deus resiste ao soberbo (1Pd 5,5). A verdadeira maturidade espiritual brota de um coração humilde. A decisão de ser humilde ainda não é humildade até que a pessoa se coloque a caminho pela estrada do arrependimento sincero, levantando-se toda vez que cair e reconhecendo que só o Senhor pode realizar a obra nova com que tanto sonhamos.

Nem sempre aceitar as humilhações voluntariamente provocadas é humildade. O humilde consegue aceitar as humilhações inesperadas. Porque aceitar o que se sabe é resignação racional apenas. Suportar o que não planejamos é sinal de maturidade extraordinária. Aceitar as humilhações naturais: o tempo, a idade que passa, a saúde que se desfaz, o desprezo voluntário e involuntário por parte das pessoas. Ou quando descobrimos, por exemplo, a "etiqueta" que puseram em nós durante anos e que só mais tarde tivemos conhecimento. Eis o caminho da humildade. Por que? Porque Jesus fez isso! Porque Ele viveu isso como nosso modelo!

A humildade de alma gera também uma grande liberdade. Finalmente nos desprendemos do maligno fardo que é a "opinião alheia" e nos agarramos às asas libertadoras da "opinião divina". "Porque é sobre o humilde que Deus derrama a sua graça! É para o humilde de coração que Ele olha!". Como disse também Nossa Senhora: "Olhou para a humildade de sua serva!" (Lc 1,48). É preciso trilhar o caminho da humildade através do caminho do arrependimento.

A Igreja nos apresenta um momento muito especial para exercitar a humildade. Esse momento é um diálogo sincero com Jesus. É a oportunidade de permitir que o "Cordeiro de Deus que tira o pecado do mundo" cumpra essa missão no "meu mundo pessoal". Trata-se do Sacramento da Reconciliação, a confissão! Não vou prolongar o assunto tratando dos efeitos extraordinários da confissão como o alívio psicológico e cura interior. Quero dar ênfase ao fato de que o efeito libertador da confissão pressupõe que eu me confesse do jeito certo! Uma boa confissão exige um arrependimento sincero!

Observe: o arrependimento não é apenas uma dor por ter feito algo contra a minha vontade ou planejamento. Trata-se de uma dor que surge por ter ferido Alguém que me Ama! Esse é o arrependimento sincero. Há aqueles que na confissão trazem apenas a "atrição"[4]. Basta pensar naquele que confessa o pecado de adultério, por exemplo, e coberto de vergonha nem consegue encarar o confessor. "Eu não queria ter feito!", afirma. Mas na verdade a sua dor não é outra senão o fato de que por ter adulterado, agora tem que "confessar". O próprio ato da confissão – que é uma auto-humilhação – o aterroriza. O arrependimento aqui não é por causa do pecado, mas por causa da necessidade de "confessar" este pecado. Isso, portanto, não é arrependimento. A contrição perfeita – ou arrependimento – é quando a pessoa se dá conta de que precisa acusar-se daquele pecado porque feriu o Coração de Jesus, um Coração que me ama infinitamente. Não é justo ferir a quem me ama! Eis o arrependimento verdadeiro. Logo, chegamos à conclusão de que o arrependimento não é coisa simples. Que lástima saber que muitos se aproximam da confissão sacramental sem

---

[4] Aqui entendo 'atrição' como contrição imperfeita (de acordo com o Catecismo da Igreja Católica nos. 1420-1532); seria um arrependimento ainda infantil.

as disposições corretas. O humilde percebe que seus atos – seus pecados – continuam a ferir o Senhor Jesus que, crucificado, carregou nossos erros.

Conta-se que São João Maria Vianney orou a Deus pedindo a graça de conhecer a verdade de seus próprios pecados. Deus atendeu à sua prece. De joelhos, tremendo por ver as consequências de seus pecados que ferem o Coração de Jesus e mancham a Igreja, retomou a prece: "Senhor, retira-me esta graça!". Deus o atendeu novamente e disse: "Se você pudesse ver com clareza a real consequência do seu pecado, não conseguirias viver! Nenhum ser humano conseguiria viver se entendesse plenamente a consequência do pecado no corpo santo do Senhor e no corpo místico da Igreja. Portanto, ao seguir este conselho – o da humildade – precisamos pedir a contrição verdadeira. O verdadeiro arrependimento e a legítima humildade.

Não se aflija. A humildade não se trata apenas de uma necessidade pessoal. É também vontade de Jesus que sejamos assim. Em toda a sua vida, Ele não pediu que o imitássemos em outra coisa. Poderia ter pedido: "Aprendei de mim que sou bom pregador, taumaturgo e líder". Não! A recomendação, única neste gênero em todo o Evangelho, afirma: "Aprendei de mim que sou manso e humilde de coração!". Se Jesus nos receitou a humildade é porque Ele sabe que sem isso jamais seremos curados.

Jamais! Mergulhe no rio que brota do Coração Dele! Deixe-se lavar para encontrar na humildade o começo da tua cura e libertação!

Na nossa atividade, a humildade é também uma virtude indispensável, pois protege da vaidade que fecha o acesso à verdade.
(Bento XVI aos professores universitários, em 19/8/2011 – Madri, Espanha)

Posso propor uma oração "perigosa"? Trata-se de uma antiga ladainha composta pelo Cardeal Merry del Val. Esta oração já foi duramente criticada, inclusive por religiosos. Ela pode ser bem indigesta diante do mundo que, sob a desculpa dos "direitos humanos", nos torna como "minideuses", aos quais nada nem ninguém poderia ofender. Mas, se você olhar para cada prece como se fosse um reflexo de como Jesus viveu, poderá entender porque Ele nos aconselha a humildade. Jesus tinha todas as razões para se sentir deprimido por causa do modo de como o trataram. No entanto, ninguém foi tão livre, maduro, feliz e sereno como o Nazareno. Por que? Talvez por que Ele mesmo jamais deixou de ser exemplo de humildade. Se você conseguir, medite a oração que colocarei abaixo. Se, depois de meditar, achar que pode lhe ajudar, reze também!

Ladainha da humildade

Jesus, manso e humilde de coração, ouvi-me.
Do desejo de ser estimado, livrai-me, ó Jesus.
Do desejo de ser amado, livrai-me, ó Jesus.
Do desejo de ser conhecido, livrai-me, ó Jesus.
Do desejo de ser honrado, livrai-me, ó Jesus.
Do desejo de ser louvado, livrai-me, ó Jesus.
Do desejo de ser preferido, livrai-me, ó Jesus.
Do desejo de ser consultado, livrai-me, ó Jesus.
Do desejo de ser aprovado, livrai-me, ó Jesus.
Do receio de ser humilhado, livrai-me, ó Jesus.
Do receio de ser desprezado, livrai-me, ó Jesus.
Do receio de sofrer repulsas, livrai-me, ó Jesus.
Do receio de ser caluniado, livrai-me, ó Jesus.
Do receio de ser esquecido, livrai-me, ó Jesus.
Do receio de ser ridicularizado, livrai-me, ó Jesus.
Do receio de ser infamado, livrai-me, ó Jesus.
Do receio de ser objeto de suspeita, livrai-me, ó Jesus.
Que os outros sejam amados mais do que eu, Jesus, dai-me
a graça de desejá-lo.
Que os outros sejam estimados mais do que eu,
Jesus, dai-me a graça de desejá-lo.
Que os outros possam elevar-se na opinião do mundo, e que
eu possa ser diminuído, Jesus, dai-me a graça de desejá-lo.
Que os outros possam ser escolhidos e eu posto de lado, Jesus,

dai-me a graça de desejá-lo.
Que os outros possam ser louvados e eu desprezado, Jesus,
dai-me a graça de desejá-lo.
Que os outros possam ser preferidos a mim em todas as coisas, Jesus, dai-me a graça de desejá-lo.
Que os outros possam ser mais santos do que eu, embora me torne o mais santo quanto me for possível, Jesus, dai-me a graça de desejá-lo.
Amém.

Se você conseguiu rezar esta oração, significa que o primeiro conselho de Jesus tocou teu coração. Talvez seja oportuno se avaliar a partir de cada invocação da ladainha. Seria um excelente guia para um exame de consciência. Faça uma confissão bem feita! Exercite concretamente a humildade por meio da confissão! Vamos ouvir o próximo conselho do Coração de Jesus?

Capítulo II
Segundo Conselho: Escuta

Segundo conselho do Coração de Jesus: a **ESCUTA**.

> **"Quem tem ouvidos para ouvir, ouça!"**
> (Mc 4,9)

Perceba já aqui a distinção entre *ouvir e escutar*. O conselho do Senhor é que eu e você tenhamos uma percepção diferente daquela que se limita a "captar os sons". Trata-se de um ouvir mais profundo. Na verdade, poderíamos chamar de uma "escuta ativa", diferente da passividade daquele que, por exemplo, enquanto dirige, ouve o ruído externo do carro, a música do rádio e ainda a voz das crianças conversando no banco de trás. Jesus se refere a um tipo de escuta que justifique o dom de ter dois ouvidos e apenas uma boca!

Ao longo do caminho de arrependimento, o humilde chora seus pecados porque aprendeu a escutar o Senhor e os irmãos. O choro é, em parte, de alegria e conversão! Quando aprendemos a escutar, o que de fato nos ajuda a nos conhecermos, algo transformador começa a acontecer dentro de nós. Aqui encontramos uma importante chave de leitura para a nossa vida espiritual. Toda conversão começa pela escuta!

O primeiro e maior mandamento da Lei de Deus é *"Schemá Israel!"* (="Escuta, Israel!"[5];Dt 6,14). Toda perdição ou salvação começa pelo ouvido, pelo que ouvimos interna ou externamente! O dia da "desgraça" de Eva começou quando ela "escutou" a serpente – um anjo decaído! O dia "abençoado" da Virgem Maria começou quando escutou o Gabriel – um anjo celestial! Peça ao Senhor "ouvidos bem atentos e generosos!". Ouvido capaz de fugir do ruído do mundo e de se dobrar diante da voz suave de Deus! "Tendes ouvido o que foi dito..." (Mt 5,43).

A escuta exige silêncio interior[6]. Muitas vezes Deus permite os sofrimentos da vida para que o nosso interior tenha motivação para a quietude. É ali que Ele fala[7]. O humilde escuta[8] atentamente enquanto recosta o ouvido no Coração Fiel do Mestre e não deixa cair no esquecimento o que aprendeu. Assim como fez São João: ao reclinar a cabeça sobre o peito de Cristo, o discípulo mais jovem consegue

---

[5] דְּחָא הוֹהְי וּניהֹלֱא הוֹהְי לֵאָרְשִׂי עַמְשׁ - *Shema Yisra'el YHWH Eloheinu YHWH Echad.*

[6] "Guardar um pouco de silêncio para escutar a Deus que nos fala com a ternura de um pai e uma mãe nos fará bem! (Papa Francisco, homilia na Casa Santa Marta, 12 de dezembro de 2013).

[7] Cf. Os 2,16.

[8] "Porque a escuta atenta de Deus, que continua a falar ao nosso coração, alimenta o caminho de fé que iniciamos no dia do Batismo" (Bento XVI, Mensagem para a Quaresma 2011).

arrancar-lhe um segredo! Deus também tem "segredos" para te revelar. Com relação à tua vida, à tua vocação, ao teu futuro! É um segredo "salutar", é bálsamo! Mas você precisa reclinar a cabeça sobre o peito de Nosso Senhor! Você precisa fazer silêncio e saber escutar! Deus pode usar de infinitos recursos para nos falar e o mais nobre nos é dado pelas Sagradas Escrituras!

Por vezes, um único versículo tem o poder de nos "fuzilar" espiritualmente, suprimindo o instinto orgulhoso que não nos deixa honrar o Senhor com a atenção que Ele merece. Já aconteceu comigo várias vezes. Recordo-me que, há alguns anos, ao fazer o estudo da Palavra – hábito diário em nossa comunidade - me descobri "atingido" por um versículo que parecia um projétil! Passou deixando um rastro tão forte que marcou-me por dias, influenciando as meditações sucessivas e as atividades daquele período.

Era aquele versículo que diz: "É do coração do homem que brota todo tipo de mal" (Mt 15,19). Eu pensava que tivesse de combater apenas o mal externo, mas, ao debruçar sobre a Palavra, vi o Senhor revelando que eu deveria tratar meu coração! Fiquei durante semanas sentindo os efeitos deste versículo. Pensava que, através da análise, meu passado, ou as situações de dor pelas quais vivo hoje, encontraria um "culpado" para aliviar meus problemas. Entretanto, o segredo que ouvi foi que a origem de tudo era o meu próprio coração que ainda não tinha se convertido! Hoje, minha oração pessoal pede que Ele faça o "divino transplante", tire do meu peito o coração de pedra e coloque um coração de carne, um coração soberano – o Coração Dele!

Saiba: o grande desejo do Senhor é esse: "entrega-me teu coração!". Dê o teu coração infiel para que Ele te devolva um coração fiel, o coração Dele. Com o coração que temos, nosso destino já está traçado. Abandonados ao fragor do nosso próprio coração, estamos perdidos! A própria Palavra relata uma situação semelhante: "Ah, se meu povo quisesse me escutar... abandonei-os ao seu duro coração!" (cf. Salmo 80,13). Um coração abandonado aos seus próprios caprichos não teria outro destino a não ser o inferno. É por isso que precisamos escutar o Senhor! E que se realize a profecia de Ezequiel 36,26-27! Reze comigo então: "Senhor, arranca do meu peito o coração de pedra onde está escrito o meu nome e coloque no lugar um coração de carne onde está escrito o Teu nome!" (cf. Ez 36,26-27).

Deus tem poder para transformar o pior pecador no maior santo! Ele pode transformar o pior pecado do teu coração na maior condição de santificação! Dê o teu coração a Ele!

Não podemos nos esquecer de que há muita gente que padece de uma verdadeira surdez espiritual. Não é recente esse tipo de problema. Vem à minha mente o primeiro caso da maldição da surdez, no livro do Genesis. É o episódio que se segue ao pecado original. Recordemos:

Sete conselhos do coração de Jesus

> *E eis que ouviram o barulho [dos passos] do Senhor Deus que passeava no jardim, à hora da brisa da tarde. O homem e sua mulher esconderam-se da face do Senhor Deus, no meio das árvores do jardim. Mas o Senhor Deus chamou o homem, e disse: "Onde estás?". E ele respondeu: "Ouvi o barulho dos vossos passos no jardim; tive medo, porque estou nu; e ocultei-me! (Gn 3,8-10).*

Aqui percebemos os detalhes terríveis, consequências do pecado que geraram uma classe de surdez amaldiçoada: ouvir sem entender! Adão e Eva *ouviram* os passos do Senhor. Mas ao ouvir o Senhor – o que seria um chamado – ao invés de irem ao seu encontro, ambos fugiram e se esconderam. A maldição da surdez nos faz fugir da face de Deus e de sua Vontade. Empurra-nos para nossos "esconderijos pessoais": nossos pecados de estimação, nossos vícios comunitários. Uma espécie de pacto com o mal que se esconde em nosso jeito de encarar a vida e em nossa mentalidade.

Não se aflija! Nenhum pecado ou maldição pode bloquear a insistência da misericórdia de Deus. Ele repete o seu chamado e diz a Adão: "Onde estás?". Na verdade, quando fugimos de Deus, acabamos nos perdendo de nós mesmos. Longe do Senhor, todo "onde" é longe demais! Os efeitos da maldição da surdez não se limitam à fuga e aos esconderijos, contudo desencadeia-se também um "medo venenoso". Adão responde que teve medo de

Deus! Esta é a atitude típica do inimigo de Deus: por saber-se condenado, deixa de ter o dom do Temor de Deus para ter *medo* de Deus. Você consegue perceber já aqui o quanto é sinistra a ação desta maldição, a surdez? Por que Eva e Adão não procuraram ouvir e obedecer o que o Senhor lhes aconselhara quando os colocou no paraíso? Porque deixaram-se ensurdecer a tal ponto? Por que não vigiaram e acabaram permitindo ao orgulho pessoal o domínio sobre a audição?

Renuncie toda tentação da surdez. Recolha-se diante de um crucifixo, ou diante da imagem do Coração de Jesus, ou melhor ainda, diante do Sacrário. Melhore a qualidade da ação de graças após a comunhão na Santa Missa! Anote as coisas importantes que teu diretor espiritual fala, que o padre te diz na hora da homilia ou mesmo que ele te aconselha na hora da confissão – são recados divinos! Deixe que Deus te fale! Aprenda a escutar escutando! Faça silêncio. Escute-o! Guarde com zelo o que o Senhor te falar! Valorize as inspirações que Deus lhe dá! Submeta tudo ao discernimento de alguém que tenha autoridade sobre você. Não queira decifrar tudo sozinho (lembre-se de ser humilde). Não assuma "profecias pessoais" sem que isso tenha passado pelo crivo de alguém que te conheça e tenha condições de avaliar segundo os critérios de Deus e da Igreja. Deixe-se orientar! Quem aprendeu a escutar direito vive melhor!

Capítulo III
Terceiro Conselho: Obediência

Acolha o terceiro conselho do Coração de Jesus para você: **OBEDIÊNCIA**.

> "Desci do céu não para fazer a minha vontade, mas a vontade daquele que me enviou!"
>
> (Jo 6, 38)

Em Jesus, vemos uma obsessão por fazer a vontade do Pai. O Coração de Jesus pulsa por obedecer ao Pai. Chega ao ponto de afirmar que seu alimento é obedecer ao Pai (cf. Jo 4,34).

Enquanto a humildade nos ajuda a escutar o Senhor, Deus vai nos renovando através de um desejo ardente de obedecê-Lo. A verdadeira obediência é inteira e total. Uma obediência parcial é falsa, orgulhosa e desonesta! Seria insincero fazer o que o Senhor pede e não amar o que Ele ama. A obediência conforme sua tradução em latim é *obaedire, ob audire*: "submeter-se à escuta de uma voz", "escutar a voz de quem é superior". Nosso Deus é detentor da autoridade suprema, legítima e soberana sobre todo o criado. Somos criaturas de Deus. A Ele devemos obedecer. Deus é exigente. Se Ele não poupou Seu próprio Filho à obediência, não o faria conosco? Todavia, é importante deixar claro que Ele garante o apoio de sua parte: "Se fordes dóceis e obedientes, experimentareis os melhores frutos da terra!" (Is 1,19). Desconhecer isso provoca um atraso de vida e um bloqueio no processo de cura. Desencadeia uma morosidade existencial e a tibieza.

Nesse conselho, deixe-se encharcar por esta qualidade do Coração de Jesus. Ele é Senhor porque "foi obediente até à morte e morte de cruz" (cf. Filipenses 2,8). Não há verdadeira obediência sem cruz, sem sacrifício, sem a oferta de si num gesto de confiança ao Senhor. A carta aos Hebreus nos ensina: "Embora fosse Filho de Deus, [Jesus] aprendeu a obediência por meio dos sofrimentos que teve" (Heb 5,8). Jesus sofreu para obedecer, mas não o reconhecemos como uma pessoa triste por ter obedecido. Na verdade, a fortaleza de Cristo é mais evidente que qualquer característica depressiva. Pode ser doloroso obedecer, mas a verdadeira obediência não é triste. Obedecer gera felicidade no sentido real da palavra[9]. A obediência gera força, fecundidade e alegria. *Vir obediens loquetur victoriam* – **o homem obediente cantará sempre vitória!** (Prov 21,28).

Precisamos aprender com Jesus, buscando ter os mesmos sentimentos de seu coração. Aprender a es-

---

[9] Não confunda alegria com felicidade, nem tristeza com infelicidade. Felicidade é um estado de vida; alegria é uma situação da vida. É possível ser feliz em momentos tristes. Mas não é possível ser alegre com uma vida infeliz!

cutar e obedecer. A ideia fixa do coração de Jesus era ser fiel ao Pai, obedecer ao Pai em tudo: "Que se faça a tua vontade, e não a minha!" (cf. Lc 22, 42). Ele se deixou modelar por um amor tão forte pelo Pai que não se contentava em oferecer apenas um pouco. Ele não admitia um único instante sem cumprir a vontade de Deus. Era tão obediente que não lhe faltavam coragem, ousadia e têmpera. Em Seu Coração (fiel), uma certeza tirava dos olhos qualquer turvamento: a fidelidade se demonstrava na obediência.

O ato da obediência precisa ser um sinal externo e testemunho de que Jesus é Senhor da minha vontade. Você se lembra do exemplo dos mergulhos de Naamã? (2Rs 5,10). Ele também provou os efeitos da obediência! Aquele homem se sujeitou a lavar-se no Jordão diante de sua corte e não se envergonhou de entrar uma, duas... sete vezes no rio. O general se banhando diante de seus súditos! Um gesto de grande obediência. Deus não deixou barato: o curou completamente! A cura pessoal e a renovação interior que o Senhor nos garante passam pela coragem de enfrentar nosso pudor de obedecer como uma criança[10]. À medida que sou curado por essas "águas", sou impelido à obediência e, à medida que eu obedeço, sou curado! Ao sentir-se cumprindo o que Deus quer, sou levado a aceitar e a desejar ser orientado, corrigido.

Quando alguém decide responder ao chamado de

---

[10] cf. Mt. 18,3.

Deus, não pode "emprestar" a vida. Seguir Jesus significa DOAR a vida, deixar que Ele a controle totalmente. Nossa tendência racional é à autossuficiência. Entretanto, nosso divino chamado exige obediência. A verdadeira submissão não aliena mas nos acorrenta a uma autoridade maior. E Jesus entendeu isso ao exercer seu carisma de fidelidade de coração a Deus Pai, através de instrumentos humanos: Maria e José.

É um grande investimento a longo prazo. Ou nos doamos totalmente ou nos tornamos religiosamente hipócritas, enganando-nos e traindo nossa razão de existir. A Jesus devemos entregar tudo! É preciso investir a vida num progresso pessoal de pertença a Jesus. Ele não deve apenas estar ao nosso lado. Jesus deve DOMINAR nossa vida. Quando Jesus for, de fato, o meu SENHOR, acontecerá uma verdadeira transformação de vida. O mundo e a vida terão outro sentido; nossa mentalidade terá sido renovada, curada pelo poder do Senhor. Já dizia o papa Paulo VI, cujo lema pontifício era "Obediência e Paz!":

Fazer o que Deus quer,
Querer o que Deus faz!
Eis a verdadeira paz!

Claro que para isso é preciso uma fé muito vigorosa. Sem a fé o que poderia significar a obediência para nós? Seria lindo se tivéssemos o "celular de Deus" e falássemos

Sete conselhos do coração de Jesus

diretamente com Ele sobre tudo o que precisamos decidir. Mas Deus se serve de pessoas para falar – de forma humana e inteligível – conosco! Preciso de muita fé para enxergar a Deus através de alguém que tenha legítima autoridade sobre mim. Quem obedece sem enxergar a Deus através daquele que tem autoridade não realiza um ato de obediência. É apenas subserviência. Deus não espera isso de você. Deus merece que o consideremos como o "Senhor"!

É difícil, não é? Mas saiba: é melhor obedecer do que mandar! Quando obedecemos, se o fazemos com a disposição correta, o ato de obediência é ato de amor. Mas quem exerce autoridade (quem manda) deverá prestar contas a Deus por cada ordem dada! Tudo passará pelo tribunal do Altíssimo. Quem tem autoridade o é porque esta lhe foi conferida. Basta lembrar o que disse Nosso Senhor a Pilatos no diálogo crucial que culminou com sua execução. "Não terias autoridade sobre mim se não te fosse dada do céu!" (cf. Jo 19,11). Eu nem queria ver o julgamento de Pilatos na hora eterna...

Tudo isso depende da fé! Não há como compreender ou justificar essa realidade sem que tenhamos bem presente o que nos ensina a fé. Temos vivido essa realidade no contexto de uma Nova Comunidade. Não vou me assustar se algum dia, alguma ONG ou mesmo um órgão de estado declarar que a vida em comunidade é contra "os direitos humanos". Num mundo onde todos têm o direito de "ir e vir", na comunidade pedimos licença para tudo.

Trata-se de enxergar pela fé que só posso ser feliz estando onde e quando o Senhor quer! Sem a fé, a dinâmica de um consagrado, de um padre ou até mesmo de um leigo em relação ao seu pároco ou coordenador é uma loucura desumana. Diriam que nosso inferno já começou aqui! Mas pela fé, tudo é graça! É oportunidade de santificação! É obra do Senhor. Não se trata de uma decisão psicológica. É obra do Espírito Santo Santificador! Clame por Ele enquanto recebe este conselho de obediência! Como meditação, deixo a você um trecho de um poema de Santa Teresinha, doutora da Igreja:

"O anjo orgulhoso no seio da luz,
gritou: jamais obedecerei!.
Eu me criei na noite desta terra,
digo-me: eu quero sempre obedecer!
Eu sinto em mim nascer uma santa audácia,
sou capaz de desafiar o furor de todo o inferno,
a obediência é minha forte couraça,
é a proteção do meu coração.
Deus dos Exércitos, eu não quero outra glória
que a de submeter-me em tudo à tua vontade;
já que o obediente proclamará suas
vitórias por toda a eternidade!"[11]

---

[11] Nossa tradução do poema "Mes Armes". Santa Teresinha do Menino Jesus (25 de Março 1897), na canção de *Pierre Eliane* (Cd: *Therèse Songs*).

Capítulo IV
Quarto Conselho: Gratidão

Brota agora do Coração de Jesus o quarto conselho: **GRATIDÃO**.

"Pai, Senhor do Céu e da Terra, eu te dou graças!"
(cf. Lc 10,21)

Esse aspecto afetivo de Jesus é muito forte! Com relação a Deus Pai, Jesus sempre manteve um comportamento de gratidão! Num dos momentos mais fortes de sua vida pública, a instituição da Eucaristia, os textos sagrados fazem questão de enfatizar que o Senhor "deu graças" antes de partir o pão e antes de entregar o cálice. O mesmo gesto foi repetido na ocasião da multiplicação dos pães e da ressurreição do amigo Lázaro. O coração de Jesus é agradecido! Seu testemunho é um importante conselho de vida! Um segredo para viver bem! A gratidão revela vitalidade e fé. "Sede agradecidos" (Cl 3,15)!

Um simples olhar sobre nossa vida e história já é o suficiente para perceber o quanto somos agraciados por Deus. Quantas graças e dons foram concedidos sem que tivéssemos pedido. Não se acostume com os infinitos sinais da Divina Providência na sua vida. Desde o pulsar silencioso do coração - gerando vida dia e noite - até o processo milagroso que nossos pulmões fazem transformando o ar que respiramos em vitalidade para o corpo!

Medite um pouco também sobre o quanto é relativa a variação de algumas medidas. Por exemplo: em termos intergalácticos, mil quilômetros não são nada. Mas, em termos clínicos, um milímetro de tumor pode ser fatal! Basta tão pouco para que nossas funções vitais deixem de existir! A morte pode chegar numa fração de segundos. No entanto, há quantos milhões de segundos você continua vivo? Que você não se acostume com os microscópicos milagres – sinais do amor de Deus – nem mesmo com as macroscópicas manifestações do carinho Divino por você! Agradecer! Sempre!

Em nossa comunidade, nossa experiência soma 12 anos de grandes manifestações da bondade de Deus. Sobrevivemos da Divina Providência, algo que se manifesta através da generosidade de muitas pessoas. Gente que, a cada mês, faz uma doação em dinheiro para manter nosso sistema de comunicação e garantir o sustento dos missionários. São nossos amigos fiéis. Temos nos esforçado para jamais nos esquecermos deles.

Lembro-me de uma vez quando estávamos passando por uma necessidade diante de uma dívida. Fiz um apelo em meu programa de rádio. Antes de sentar-me à mesa para o almoço, fui atender alguém que tocou a campainha. Era um senhor de pele negra, todo suado e camisa desabotoada e sorriso sincero no rosto. Pediu perdão porque não conseguiria ajudar com dinheiro aquele mês, mas gostaria que eu aceitasse uma ajuda diferente. Numa sacola, trazia alguns ovos e um pouco de arroz. "Os ovos são das galinhas lá de casa!", acrescentou. Naquela hora, eu entendi que Deus estava me visitando através daquele senhor! Meu louvor foi ainda mais vigoroso: minha gratidão tinha sabor de arroz com ovo, mas o gesto do Amor de Deus tinha sabor de céu!

Como não agradecer a generosidade com que nossos pais cuidaram de nós, os amigos que nos "suportaram" nos anos de escola, os irmãos de Igreja que tem paciência conosco?! Tudo é graça! Tudo deve ser regado pela gratidão! A gratidão desintoxica a alma! A falta de gratidão vai asfixiando nossa vitalidade interior. Além de descongestionar os sentimentos, a gratidão expulsa as trevas do inimigo que fica ao redor[12], buscando fazer desistir aqueles que o Senhor convocou desde antes do próprio nascimento[13]. Agradecer para garantir nossa própria salvação. Louve sempre! Tudo o que respira, louve o Senhor! Em todas as circunstâncias! Quando tudo dá certo: louve! Quando tudo falhou: louve também!

---

[12] cf. 1Pd 5,8
[13] cf. Jr 1,5

Quando acontece conforme o previsto: louve! Quando o imprevisto te visita: louve da mesma forma!

Que tal fazer um propósito: durante o dia de hoje, resuma tuas orações em apenas louvar. Hoje, não peça nada. Agradeça por tudo. Observe o que acontecerá dentro de você! Você se surpreenderá!

Capítulo V
Quinto Conselho: Adoração

Quinto conselho do Coração de Jesus: **ADORAÇÃO.**

"Mas vem a hora, e já chegou, em que os verdadeiros adoradores hão de adorar o Pai em espírito e verdade, e são esses adoradores que o Pai deseja."
(Jo 4,23)

É interessante notar nessas palavras de Jesus um fato intrigante. Nós já sabemos que muitos desejam a Deus. Pobres O desejam. Ricos também! Doentes O desejam. Os sãos igualmente. Pessoas em todas as nações manifestam desejo por Deus. Mas a quem Deus deseja? Jesus revela este segredo extraordinário. Deus deseja adoradores! Não se trata de uma adoração qualquer. Jesus deixa claro que se refere a adoradores que "adorem em Espírito e em Verdade!". Adorar a Deus! A Igreja que Jesus fundou, a Igreja Católica, é possuidora de um tesouro inestimável.

De fato, quando observamos os objetos sagrados de uma Igreja, percebemos que os brilhos mais intensos, os metais mais preciosos são destinados a guardar as reservas eucarísticas. Quando ladrões profanam um templo sagrado e, sacrílegamente, roubam sacrários, carregam o ouro e outros valores e jogam fora as hóstias consagradas. Tão cegos que são, descartam sem respeito o grande e verdadeiro valor que existe: Jesus presente na Eucaristia. Na verdade, não consegue adorar quem não tem olhos capazes de enxergar para além dos brilhos deste mundo. Para adorar em Espírito e em Verdade é necessária uma sensibilidade interior diferenciada.

Os Evangelhos atestam que Jesus passava noites em oração. Ao longo da história, homens e mulheres que aprenderam este conselho de Jesus gastaram horas diárias e até noites inteiras em adoração ao Santíssimo Sacramento. Pensemos em Madre Teresa de Calcutá, que dedicava um mínimo de seis horas do seu dia adorando antes de ir cuidar dos "mais pobres entre os pobres". O próprio São João Paulo II não iniciava sua jornada diária sem madrugar diante do Sacrário. A lista de homens e mulheres adoradores é extensa. Há um espaço nesta lista para o teu nome! Nesse ponto do nosso caminho, Deus quer dar a você um Coração adorador! Esconder-se na oração. Encontrar-se seguro aos pés do Mestre. Quanto mais adoramos, mais mergulhamos na presença daquele cujo Coração absorvemos a cura e a libertação, a renovação interior e o avivamento da alma!

Quanto mais mergulhamos, mais vigorosa se torna a

nossa fé, mais fecunda é a ação de Deus em nós! Impossível perecer se nos disciplinamos na adoração diária. É impossível narrar todos os efeitos que a adoração pode trazer para nossa vida: adore e descobrirás! Você pode se perguntar: como vou achar tempo para isso? O ritmo dos nossos dias é tão intenso que acabamos sufocados por tantos afazeres. O dizer do mundo ensina que "tempo é dinheiro". Entretanto, diante de Jesus entendemos que tempo é um dom! E teremos de prestar contas do tempo que recebemos. O tempo mais bem aproveitado é aquele que gastamos diante de Deus!

Se hoje é difícil para você ficar algumas horas ou noites diante de Jesus Eucarístico, comece reservando alguns minutos para encontrá-Lo no Santíssimo Sacramento. Antes do teu trabalho, de manhã bem cedo; no intervalo do almoço; ou antes de regressar à tua casa no final do dia. Visite a capela do Santíssimo Sacramento na Igreja de mais fácil acesso para você. Ainda que você nem saiba como adorar, experimente ficar em silêncio diante dele. Ninguém jamais saiu da presença do Senhor sem algum benefício pessoal!

Recordo a lenda que o santo sacerdote, São João Maria Vianney, na pequena cidade francesa de Ars, contou: um senhor humilde se recolhia todos os dias diante do sacrário em oração. Sempre na mesma hora e durante os mesmos cinco minutos. O padre, encantado pela piedade do humilde paroquiano, lhe pergunta: "o que você diz a Jesus quando fica de joelhos diante do Sacrário?". "Nada!", respondeu o senhor. "Eu olho para Ele e Ele olha para mim! Só isso!", concluiu. Por vezes, para se tornar um adorador em Espírito e em Verdade é necessário começar deste jeito. Pelo silêncio do olhar. E, com o tempo, o próprio Deus vai te ensinar a adorar!

"Mas e se eu estiver cansado demais para adorar?". Você pode se perguntar. Mas saiba que a pior adoração é aquela que não fazemos! Papa Francisco, num colóquio com o clero, narra o episódio em que ele, cansado, durante a adoração acabou adormecendo. Ele testemunhou que disse a Jesus, mesmo assim: "eis-me aqui contigo, meu Senhor, meu amigo!". Não vá adorar para dormir diante do Sacrário, viu?! Mas, se por acaso, você cochilar, quando acordar, aproveite para rezar igual ao papa: "Senhor, mesmo cansado, eis-me aqui contigo!". Afinal, "não podeis ficar e vigiar comigo uma hora?" (cf. Mt 26,16).

Capítulo VI
Sexto Conselho: Pentecostes

Recolha-se com atenção, ouça o sexto conselho do Coração de Jesus o: **PENTECOSTES DIÁRIO**.

"Jesus replicou-lhe: em verdade, em verdade te digo: quem não nascer de novo não poderá ver o Reino de Deus."
(Jo 3,3)

O diálogo com Nicodemos pode ser, de fato, a exortação mais contundente de Jesus para o homem de hoje. Nunca, como agora, as pessoas ficaram tão obcecadas por paralisar o processo do envelhecimento. Contudo, melhor do que ficar eternamente jovem seria nascer de novo! Não no sentido estrito da palavra, mas no sentido carismático da expressão. Isso mesmo: *carismático*. O Espírito Santo é doador de carismas. Estes carismas rejuvenescem a alma. A palavra diz que os "adolescentes cambaleiam e tombam, mas os que confiam no Senhor renovam suas forças, voam com asas de águia" (cf. Is 40,31). É preciso nascer de novo!

A Igreja traz isso por meio do batismo sacramental.

Seria maravilhoso se estivéssemos em "estado constante de batismo! Ou seja, sentir, permanentemente, o escorrer da água batismal em nosso corpo! A Renovação Carismática Católica chama esse fenômeno de "Batismo no Espírito Santo". Obviamente, não se trata de outro sacramento. Trata-se, na verdade, de um estar "mergulhado" no Espírito. A palavra batismo significa "mergulhar". Portanto, Batismo no Espírito Santo poderia ser exatamente isso: viver mergulhado no Espírito Santo. Todos recebemos o Espírito Santo no dia do nosso batismo sacramental. Mas é bem verdade que em muitos, por causa de tantos fatores, o Espírito Santo permanece apenas como uma lembrança, embora o Sacramento deixe uma marca indelével. É preciso permitir que o Espírito Santo tome posse de nosso ser. É como se fôssemos "possuídos" pelo Espírito Santo, no sentido estrito da palavra, constantemente molhados por essa água viva que brota do Coração de Jesus.

Uma pessoa encharcada espalha água por onde caminha. Precisamos viver assim! Encharcados de Espírito Santo, podemos respingar unção por onde passamos. Nossos gestos, nossas decisões precisam "respingar" Espírito Santo! Nossa cura e libertação acontecem exatamente através desse "espalhar" de água. Cada gesto que faço precisa respingar água. A ousadia de quem está cheio do Espírito o faz clamar sinais e prodígios por onde passa. Sem medo. Sem vão respeito humano. Quem estiver ao alcance dos meus olhos precisa estar ao alcance dessa oração fervorosa: clamando sinais e prodígios! Preciso ser um Pentecostes ambulante. Cheio de prudência, mas sem covardia. A ação do Espírito suscita confiança no Todo Poderoso e serenidade para não assumir o lugar que é só dele. É Ele quem age, derramando misericórdia e realizando todo tipo de curas e milagres.

Lembro-me do relato de um amigo bispo que partilhou um episódio interessante. Ele estava saindo de uma reunião no centro da cidade quando foi abordado por um rapaz bem vestido e de sorriso largo. O menino disse ao bispo: "o senhor não quer visitar a minha igreja?". Tratava-se de uma igreja protestante, sem dúvida. Então, o bispo respondeu: "Mas você não está vendo que sou um bispo católico?". Não tem problema, disse o jovem. Tenho certeza que o senhor vai gostar da minha igreja!". Nós que conhecemos a Deus e tivemos o privilégio de entender o quanto Ele quis se revelar através da nossa fé em nossa Igreja Católica, não devemos ter medo, nem respeito humano, devemos, encharcados de Espírito Santo, anunciá-Lo oportuna e inoportunamente! Respingando água do Espírito ao nosso redor! Nosso Pentecostes diário deve ser tão intenso quanto um abalo sísmico, tão forte quanto uma fissão nuclear!

Há tanto por aprender. Quantas coisas ainda parecem obscuras ao nosso limitado entendimento. Diante dessa realidade, o Senhor Jesus nos diz com clareza: "Enviarei sobre vós o Espírito Santo. Ele vos ensinará todas as coisas!" (cf. Jo 14,16ss). Quanto mais "sabemos" das coisas, mais responsabilidade temos. Ter conhecimento exige atitude. Porém, para agir com sabedoria precisamos de ajuda. E o Senhor ainda nos assegura: "Sereis revestidos da força do alto!" (cf. At 1,5ss). Aquilo que os discípulos experimentaram no dia de Pentecostes (cf. At 2) precisa ser uma realidade cotidiana.

A Igreja, nos primeiros séculos, era marcada especialmente pela pregação do Evangelho e as tantas manifestações carismáticas de poder. A Igreja dos inícios é a mesma Igreja do século atual. Inúmeros milagres continuam a acontecer. É verdade que talvez não se façam reportagens e flashes do mistério da transubstanciação (o pão e o vinho que se tornam o Corpo e o Sangue de Cristo); talvez nenhum microscópio consiga perceber o efeito extraordinário da absolvição sacramental em uma alma que se confessa humildemente; ou talvez não se perceba a maravilha de um coração que se converte quando tem acesso à força salvadora do Evangelho. Mas milagres como esses acontecem diariamente na Igreja do mundo inteiro, como o fenômeno da pregação de um jovem do Oriente Médio que, unido a 12 pobres homens, limitados de recursos e de diplomas, conseguiu expandir sua mensagem por todo o globo terrestre. Isso não seria um milagre?

Sete conselhos do coração de Jesus

Além disso, há o fato de que inúmeros milagres extraordinários continuam a ocorrer na Igreja de hoje: curas físicas, reconciliações tidas como impossíveis, corpos incorruptos após séculos de sepultamento, multidões oceânicas em busca de uma palavra de alento diante da visita do sucessor dos apóstolos etc. Nossa Igreja é uma Igreja carismática em todos os sentidos. Todo cristão precisa assumir essa identidade e viver esse Pentecostes diário ao longo da vida. Esse conselho de Jesus é a chave para vivermos bem os nossos dias e não termos medo do juízo final. Cabe aqui uma prece fervorosa. Reze comigo:

Oh vinde, Espírito Criador,
as nossas almas visitai
e enchei os nossos corações
com vossos dons celestiais.

Vós sois chamado o Intercessor,
do Deus excelso o dom sem par,
a fonte viva, o fogo, o amor,
a unção divina e salutar.

Sois doador dos sete dons,
e sois poder na mão do Pai,
por Ele prometido a nós,
por nós seus feitos proclamais.

*A nossa mente iluminai,
os corações enchei de amor,
nossa fraqueza encorajai,
qual força eterna e protetor.*

*Nosso inimigo repeli,
e concedei-nos vossa paz;
se pela graça nos guiais,
o mal deixamos para trás.*

*Ao Pai e ao Filho Salvador
por vós possamos conhecer.
Que procedeis do seu amor
fazei-nos sempre firmes crer*[14].

---

[14] Texto da Liturgia das Horas.

Capítulo VII
Sétimo Conselho: Comunhão

"Este é o meu mandamento: amai-vos uns aos outros, como eu vos amo."
(Jo 15, 12)

Amor que gera comunidade. Amor fraterno que se traduz pela comum união: comunhão! Esse é o conselho mais poderoso de Jesus. Viver este conselho constitui a identidade mais concreta de quem é discípulo do Senhor. "Nisto conhecerão de que sois meus discípulos" (cf. Jo 13,35), disse Jesus. Este é o último conselho desta pequena lista porque resume perfeitamente os outros seis conselhos. É como se fosse a etapa mais sublime do processo de cura interior de uma alma.

Lembremos do episódio dos sete mergulhos do general sírio. A cura de Naamã foi mais do que o desaparecimento da lepra. Ele se tornou humilde, agradecido, generoso. A Palavra diz que Ele ficou com o coração como de uma criança. A criança é pura, acessível, perdoa fácil, sorri fácil, não se envergonha de depender do outro e não sabe fingir maldosamente. Que maravilha é conviver com uma pessoa assim. É por isso que o mergulho de Naamã o fez uma pessoa comunitária. O maior sinal e prodígio do Espírito Santo é o dom do AMOR. O amor que nos faz "um". Só o amor fraterno dá credibilidade ao que pregamos[15]. Isso tudo nos torna mais capazes para a amizade. "Um amigo fiel é poderosa proteção: quem o encontrou, encontrou um tesouro!" (Eclo 6,14). Não só capazes de ter amigos, mas de "ser" amigos.

Nunca como agora se tornou tão comum dizer que temos "amigos virtuais", mas como são raros os "amigos reais". Esse mergulho nos capacita a sobrevivermos neste mundo super populoso de pessoas solitárias! Quanta falta nos faz um amigo de verdade! Essa qualidade humana nos faz capazes do amor e, por isso, reflexos vivos do modo como Deus nos trata! Ainda que fôssemos ótimos pregadores e muito eficazes na missão, se não somos fraternos, é inútil nossa pregação e estéril o nosso trabalho. O Senhor quer edificar nossa casa através da argamassa do amor sincero. Amor esse característico do Coração Fiel de Jesus que se entregou até à última gota. Quem vive assim se parece com Jesus! Temos que almejar que as pessoas nos "confundam" com Jesus. Exatamente por causa da delicadeza desconcertante do amor desinteressado e incansável. "Aprendei de mim", afirmou o Senhor. O grande fruto da vida interior é o amor que nos faz assumir nossa identidade.

---

[15] cf. Jo 17,21.

Sete conselhos do coração de Jesus

A terra poderá abalar, mas nada temeremos, pois o Senhor e Rei habitará onde subsiste o amor!

Só esse amor te dará condições de não se cansar de viver. Sem amor nossa existência se torna um tormento. Que o Senhor não deixe que você se canse de amar, pois isso significará cansar-se de viver! Medite seriamente sobre este sétimo conselho! Não se canse de amar! Faça hoje o propósito de reatar laços antigos. Ir ao encontro de amizades antigas e voltar a contatar aquelas pessoas que ficaram no limbo da agenda telefônica ou da lista de amigos do Facebook. Se for preciso, comece a "lavar a roupa suja" que, porventura, interrompeu o contato pessoal que você nutria com outros. Não desista porque Deus não desistiu de você. Comece de novo, mesmo que seja difícil. Celebre cada amizade como um lindo dom de Deus! Nunca deixe de transbordar essa acolhida e abertura também para com os de casa. Teu convívio familiar precisa ser o lugar do "treino real"!

Em uma sociedade que aprendeu a desconfiar de todos e a "eliminar" (e não apenas virtualmente) as pessoas que "sobram", comportar-se como alguém que dá valor a todos é realmente um ato de fé. Queira assumir teus amigos como principal meio de exercitar o sétimo conselho do Coração Jesus, fazer comunhão, viver em comunhão, testemunhar a comum união!

Oração do Amigo Fiel

Querido Deus, amigo Fiel, muito obrigado por ser meu amigo! É tão bom saber que nunca estou só! Tu sempre estás comigo! Senhor meu, amigo meu, peço-te pelos amigos que me deste. Tua sabedoria colocou no meu caminho tantos irmãos e irmãs. Eu mesmo me tornei parte da vida de tanta gente. Ninguém conseguiu seguir seu próprio caminho sem levar um pouco de cada amigo.

Querido Deus, amigo bom: pior do que ficar só é estar vazio. Cada amigo que me deste depositou dentro de mim alguma verdade, alguma alegria e até algumas dores. Amigo de verdade respeita "as estações do coração" um do outro. Rezo por meus amigos.

Alguns estão geograficamente distantes, mas espiritualmente se tornaram mais que irmãos. Outros estão a poucos metros de distância e ainda não aprendi a acolhê-los como "milagres próximos". Tenho tanto por aprender.

Querido Pai do Céu, amigo da minha alma, ensina-me a ser amigo e celebrar com cada um a ordem que teu Filho nos deixou. Quero amar porque Tu me amas, querido Senhor!

Peço pelos amigos doentes. Pelos amigos da infância. Pelos amigos que já partiram deste mundo e por aqueles que nos próximos dias recorrerão a ti de um jeito extremo. Imploro pelos amigos que não conseguem pedir ajuda e por aqueles que insistiram tanto que já nem são levados a sério diante de suas necessidades. Rezo pelos amigos que se afastaram da fé, peço por eles. Intercedo pelos amigos que nunca acreditaram em ti, sei que Tu sempre acreditaste neles. Para todos imploro uma bênção poderosa neste momento.

Querido Deus, amigo fiel quero fazer um pedido especial: quero rezar pelos amigos que perdi. Pelos amigos que se tornaram inimigos. Pelos amigos que já não se consideram assim. Quero, com a tua graça, amar sem esperar nada em troca. Quero perdoar. Quero pedir perdão. Quero celebrar a reconciliação. Quero testemunhar tua presença nessa amizade outra vez. Obrigado, Senhor. Obrigado por meus amigos. Obrigado por ser meu modelo de amigo. Obrigado por ser meu amigo fiel! Amém!